La casa embrujada

Arturo de Rosa

La casa embrujada

Dos detectives en México

Ernst Klett Sprachen
Stuttgart

Arturo de Rosa

La casa embrujada

Dos detectives en México

1. Auflage 1 [16 15 14 13 12] | 2027 26 25 24 23

Alle Drucke dieser Auflage sind unverändert und können im Unterricht nebeneinander verwendet werden.

Die letzte Zahl bezeichnet das Jahr des Druckes.

www.klett-sprachen.de

Redaktion: Marcelo Rodríguez
Illustrationen: Sven Palmowski, Barcelona
Satz: Satzkasten, Stuttgart
Umschlagbild: Bildagentur Mauritius GmbH
Druck und Bindung: Digitaldruck Tebben GmbH, Biessenhofen

Printed in Germany
ISBN 978-3-12-535652-8

Índice

Abkürzungen

AmC	=	América Central
Am	=	amerikanisches Spanisch
bes. Am	=	besonders im amerikanischen Spanisch gebräuchlicher Ausdruck
ej.	=	ejemplo
etw	=	etwas
hier:	=	in diesem Kontext hat das betreffende Wort eine andere Bedeutung
jdn	=	jemanden
jdm	=	jemandem
Mex	=	mexikanisches Spanisch
uc	=	una cosa
up	=	una persona

1. En las playas de Acapulco

– ¡Qué magnífico es el mar! ¡Qué día tan precioso! ¡Qué linda es la playa! ¡Es un día fantástico para enamorarme de alguna bella acapulqueña!

Pepino González, el famoso detective mexicano, y su fiel ayudante, Panzón, pasaban sus vacaciones en Acapulco*. Ese día estaban en la Playa de Hornos. Había mucha gente en la playa, todos disfrutando del sol y del aire fresco.

Pepino, un hombre de unos 35 años, delgado, bigotón y casi calvo, se creía muy guapo en su traje de baño rayado. Era un gran soñador. Siempre tenía la cabeza en las nubes, soñando, si no con la fama y la gloria, con las bellas damas.

También le gustaba decir que él era el mejor detective de México. Aunque en realidad ni él ni sus «investigaciones privadas» tenían mucha fama.

Panzón era todo lo contrario. Él era gordito, siempre estaba de buen humor, y sobre todo era un hombre sumamente práctico y realista. A veces pensaba demasiado en la comida y había momentos en que no entendía bien todo lo que estaba pasando, pero era muy simpático.

– Si, Panzón –dijo Pepino–, Acapulco es un lugar ideal para descansar. Aquí estamos lejos de las investigaciones importantes que hacemos en la ciudad. Aquí nadie me conoce, nadie sabe que soy famoso, casi tan famoso como Sherlock Holmes.

Panzón le iba a recordar que todavía no había logrado mucha fama cuando notó que Pepino no le

* Siehe «Landeskundliche Anmerkungen» auf Seite 75.

4 **enamorarse de** sich verlieben in – 4 **acapulqueño** aus Acapulco – 9 **disfrutar del sol** die Sonne genießen – 11 **bigotón** *Mex* mit einem riesigen Schnurrbart – 11 **calvo** kahlköpfig – 12 **soñador** Träumer – 18 **gordito** rundlich – 19 **estar de buen humor** gute Laune haben – 30 **lograr** erreichen

prestaba atención. Sus ojos seguían a un grupo de muchachas que reían y jugaban entre las olas del mar. Todas estaban en bikini.

– ¡Ahhhhh! –suspiró Pepino.– ¡Qué bella vista!

Pero a Panzón no le interesaban las muchachas en bikini. Él era un hombre casado y el hambre que siempre tenía no lo dejaba pensar más que en comer.

– Oiga, jefe, ¿no quiere tomar algo? Vamos al café de enfrente a comer un pescado.

Pepino se puso su impermeable de detective y, minutos después, los dos cruzaron la Costera Miguel Alemán*, una avenida ancha con palmas y flores en el centro. Era la calle principal de Acapulco. Allí estaban los hoteles más nuevos y las tiendas de lujo. Siempre había muchos turistas en traje de baño y acapulqueños vendiendo conchas, sombreros de paja y aceite contra el sol. Pepino y Panzón se sentaron en el café.

– Para comenzar, quiero una sopa de frijoles* y un ceviche –*pidió Panzón cuando llegó la muchacha a tomar el pedido.– Luego un huachinango con arroz*, unas tortillas*, una ensalada y, de postre, pastel con helado de chocolate.

Pepino pidió una hamburguesa y se puso a observar el café. Estaba casi lleno de gente. Había un fuerte olor a cerveza y a pescado frito. Una radio tocaba melodías mexicanas. El ambiente era alegre y Pepino se sentía bien.

– Me gusta estar de vacaciones –comentó Panzón. Sobre todo me gusta la comida de aquí.

1 **prestar atención** zuhören – 2 **la ola** Welle – 3 **estar en bikini** einen Bikini anhaben – 7 **El hambre no lo dejaba pensar más que en**… Vor lauter Hunger konnte er nur an … denken – 9 **el café de enfrente** das Café gegenüber – 11 **se puso**… *(ponerse)* er zog … an – 11 **el impermeable** Regenmantel – 12 **la costera** *Mex.* Küstenstraße – 17 **la concha** Muschel – 18 **el sombrero de paja** Strohhut – 18 **el aceite contra el sol** Sonnenöl – 20 **los frijoles** *Am* Stangenbohnen – 22 **tomar el pedido** die Bestellung aufnehmen – 25 **ponerse a** anfangen zu – 27 **pescado frito** in Öl gebratener Fisch – 28 **tocar** spielen

– Sí, esta vez sí tienes razón, Panzón –respondió Pepino–. Pero no quiero olvidar mi nueva pluma de gas lacrimógeno. Un día de éstos, cuando no haya mucha gente en la playa, debemos probarla. Ningún criminal sospechará de una pluma inocente. Con esta pluma podré escapar de situaciones peligrosas y así me haré aún más famoso.

– Pero, jefe, es muy peligroso llevarla siempre consigo –dijo Panzón.– En vez de firmar un cheque con tinta, puede equivocarse y firmarlo con gas. O posiblemente...

Pero Pepino no lo escuchaba porque en ese momento vio a la muchacha más bella del mundo. Estaba sentada en una mesa cercana. Era joven, rubia y de pelo largo. Estaba acompañada de un hombre más viejo. Pepino notó que algo no estaba bien. El hombre tenía la mirada preocupada y los dos parecían estar tristes.

¡Ay, papá! –la oyó Pepino exclamar.– ¿Qué podemos hacer? ¡A lo mejor estamos en peligro! ¿Quién nos ayudará?

Sin pensarlo, Pepino se levantó. Siempre se había creído un Quijote mexicano que salvaba a damas en peligro. Y ahora quería ayudar a esta muchacha tan bonita.

– Discúlpeme, señorita –dijo Pepino–, pero acabo de oír lo que dijo. Soy un investigador privado y, si tiene algún problema, puede contar conmigo.

Panzón no sabía lo que ocurría. Miró a su jefe con la boca abierta.

– ¡Ahora sí, se ha vuelto loco de verdad! –pensó.

El hombre y la muchacha también parecían algo sorprendidos. Por fin habló la muchacha.

3 **el gas lacrimógeno** Tränengas – 3 **cuando no haya mucha gente**... wenn nicht viele Leute ... sind – 7 **me hará famoso** *(hacerse)* ich werde berühmt werden – 9 **consigo** bei/mit sich – 20 **a lo mejor** vielleicht – 26 **acabo de oír** ich habe soeben gehört – 31 **Se ha vuelto loco** Er ist verrückt geworden

– Es usted muy amable, señor…

– Soy Pepino González, a sus órdenes, y éste es mi ayudante, Paco Panzón.

El hombre mayor pensó unos momentos.

– Pues, sí, creo que usted nos puede ayudar. –Extendió la mano a Pepino.– Soy Sam Dallas. Quiero presentarle a mi hija, Sandy.

Panzón continuó mirándolos con la boca abierta.

No entendía nada de lo que pasaba, pero conocía muy bien a su jefe y sabía que pronto los dos se iban a embarcar en nuevas y quizás peligrosas aventuras.

2 **a sus órdenes** zu Ihren Diensten – 10 **Se iban a embarcar en**… Sie würden sich einlassen in …

Preguntas

1. ¿Dónde pasaban sus vacaciones Pepino y Panzón?
2. ¿Cómo es Pepino? Descríbalo.
3. ¿En qué piensa Panzón con frecuencia?
4. ¿Adónde fueron a comer los dos?
5. ¿Qué quiere probar un día Pepino?
6. ¿Cómo era la muchacha que vieron en la playa?
7. ¿Cómo era el hombre que la acompañaba?
8. ¿Por qué habló Pepino con la muchacha?

Conversación

1. ¿Le gustaría pasar las vacaciones en Acapulco?
2. ¿Qué prefiere comer: pescado, ceviche o una hamburguesa?

2. Un problema grave

El señor Dallas y Sandy hablaban con los dos investigadores.

El señor Dallas tendría unos 50 años y se parecía a un vaquero de las películas.

– Hace dos días, mi hija y yo llegamos a Acapulco. Somos de los Estados Unidos, de Texas, pero…

– ¡Qué increíble! –interrumpió Panzón–. ¡Jamás he conocido a nadie que hablara tan bien el español en sólo dos días!

– No, no –dijo Sandy–, papá y yo hablamos español desde hace mucho tiempo. Hemos visitado México varias veces y, además, yo estudio en la UNAM.

– ¡Ay, señorita! ¡Habla nuestro idioma como un ángel! –exclamó Pepino.

El señor Dallas lo miró severamente. Tenía poca paciencia.

– Bueno –continuó–, siempre me ha gustado México y ahora que mi hija estudia aquí, pensé que sería buena idea comprar una casa. Un día en un periódico de Texas vi un anuncio de una casa en Acapulco. Descubrí que la casa había estado vacía por mucho tiempo y que Mario Martínez, el dueño, me la vendería a un precio muy bajo. Él me mandó unas fotografías de la casa y yo decidí comprarla.

Mientras hablaba el señor, Pepino miraba a Sandy. Se imaginaba que ella era una princesa y él un valiente caballero andante que haría cualquier

5 **el vaquero** der Cowboy – 8 **¡Qué increíble!** Unglaublich! – 8 **Jamás he conocido a nadie que hablara**… Ich habe nie einen Menschen kennengelernt, der… spricht – 14 **la UNAM** *Universidad Nacional Autónoma de México* – 17 **severamente** streng – 22 **el anuncio** Anzeige – 29 **el caballero andante** der fahrende Ritter – 29 **cualquier cosa** *hier:* alles Mögliche

cosa por ella. Pero, en ese momento, Panzón le dio una patada por debajo de la mesa.

– ¡Eh, jefe! –dijo su ayudante en voz baja. – ¡Despiértese!

– ¡Eh! Sí, sí, siga con su historia –le dijo Pepino al señor Dallas.

– Han oído casi todo. Sandy y yo llegamos a Acapulco y fuimos a nuestra nueva casa. Pero, desde el momento en que llegamos, han ocurrido cosas muy extrañas.

Al oír esto, Pepino sacó un cuaderno y un lápiz del bolsillo del impermeable. Tomó unos apuntes.

– ¿Cosas extrañas? –preguntó.

– Sí –respondió Sandy–. Todas las noches hemos oído ruidos misteriosos en la casa. Pero, cuando los investigamos, no hemos hallado nada. Algunas cosas han desaparecido. Y hoy –continuó la joven con una voz nerviosa–, recibimos una carta anónima escrita con sangre. La encontramos clavada a la puerta con una navaja.

Sandy le entregó la carta a Pepino. Decía simplemente: «Si no se van de aquí inmediatamente algo malo les pasará.»

– ¡Cómo! –exclamaron los dos detectives.– Esto es muy serio. Deben ir a la policía.

– Ayer fui –afirmó el señor Dallas.– Los policías fueron muy amables, pero me dijeron que ahora están demasiado ocupados buscando a los bandidos que han atracado varios bancos en México. El capitán me dijo que debo ignorar la carta porque quizá sólo es una broma de niños traviesos.

Pepino se levantó de la silla y declaró con una voz grave e importante:

1 **Le dio una patada** *(dar)* Er gab ihm einen Fußtritt – 5 **siga** *(seguir)* fahren Sie fort – 12 **Tomó unos apuntes** Er machte sich ein paar Notizen – 19 **clavada** *hier:* angeheftet – 20 **la navaja** Taschenmesser – 25 **la policía** Polizei – 26 **el policía** Polizist – 28 **el bandido** Räuber, Bandit – 29 **atracar** überfallen – 30 **ignorar** *hier:* nicht beachten – 31 **la broma** Scherz – 31 **travieso** ausgelassen; frech

– ¡Este es un asunto muy serio! Si la policía no puede ayudarlos, sólo un experto, como yo, puede llegar a la verdad. Vámonos ahora a su casa para comenzar mi investigación.

– Pero, jefe –se quejó Panzón–, ¿ha olvidado? ¡Estamos de vacaciones! Vinimos a Acapulco a descansar, ¡no a trabajar!

– ¡Caramba, Panzón! –le regañó Pepino. –¡Recuerda que somos detectives! Como dice mi héroe, Sherlock Holmes, «un detective nunca descansa.»

8 **regañar a alg** mit jdm schimpfen

Preguntas

1. ¿Por qué se interesó el señor Dallas por la casa de Acapulco?
2. ¿Qué ha pasado en la casa desde que ellos viven allá?
3. ¿Cómo era la carta que encontraron clavada en la puerta?
4. ¿Adónde fue el señor Dallas para conseguir ayuda?
5. ¿Qué le dijo el policía?

Conversación

1. ¿Qué sabe usted de México?
2. ¿Informa la prensa de su país con frecuencia y detalladamente sobre México?

3. La casa misteriosa

En camino a la casa del señor Dallas, el grupo pasó por una calle estrecha. Desde el asiento de atrás del taxi, Pepino, Panzón y Sandy miraron todo con interés. La ciudad cambiaba de ambiente, era vieja y menos turística. Pasaron por el zócalo y vieron la catedral blanca y azul con sus torres y su cúpula de oro.

– Estamos en la parte más antigua de Acapulco explicó Sandy–. Acapulco fue descubierto en 1532. Era el puerto principal del Pacífico y un importante centro de comercio de perlas, oro, plata y tela. Pero, con tanta riqueza y tanto comercio, se convirtió en un pueblo de piratas y contrabandistas.

Pepino miró a Sandy con admiración.

– ¡Ay, señorita! ¡Usted no sólo es bella, sino inteligente también! Conoce Acapulco mejor que nosotros.

– Pero yo no entiendo –interrumpió Panzón, rascándose la nariz–. La señorita dice que hay muchos piratas en Acapulco. Ya hemos estado aquí tres días y todavía no he visto ni uno.

Todos se rieron de él y el señor Dallas le explicó

– No, Panzón. Ya no hay piratas en Acapulco. En 1927 se mejoró la carretera entre México y Acapulco y, entonces, el ambiente cambió. En pocos años se convirtió en un centro turístico de fama internacional. Y muchas estrellas de cine vinieron aquí a vivir.

2 **en camino a** *bes. Am* unterwegs zu – 3 **el asiento de atrás** Rücksitz – 6 **el zócalo** *Mex* Hauptplatz – 8 **la cúpula** Kuppel – 10 **fue descubierto** *(descubrir)* es wurde entdeckt – 13 **se convirtió en** *(convertirse)* er wurde zu – 14 **el contrabandista** Schmuggler – 20 **rascándose la nariz** sich die Nase reibend – 28 **la estrella de cine** Filmstar

Después de pasar por la Gran Vía Tropical, el taxi subió una colina, dejando atrás las playas y la ciudad. Flores y plantas de mucho colorido crecían al lado de la carretera. Alejadas del camino se podían ver algunas casas, que, aunque viejas, eran grandes y elegantes. El auto se paró frente a la reja de una de estas casas. El señor Dallas le pagó al chofer y todos se bajaron rápidamente.

– Hemos llegado –dijo Sandy–. Vengan y les enseño la casa.

Por fuera, todo parecía haber estado abandonado por mucho tiempo. El jardín estaba lleno de hierbas. La casa era como las que se ven en las películas de misterio. De repente, Sandy pegó un grito.

– ¡Hay alguien adentro de la casa! ¡Lo vi en la ventana! Momentos después, Pepino recorría la casa. Los cuartos estaban silenciosos y oscuros, llenos de muebles viejos. Buscó en los armarios y detrás del sofá, pero en ninguna parte encontró a la persona que Sandy había visto en la ventana.

Los otros entraron en la sala para ayudar a Pepino. Todos buscaban, pero nadie se fijó en un cuadro colgado en la pared. Era una pintura de un soldado montado a caballo. Pero... ¡los ojos del soldado se movían de lado a lado!

– No hay nadie aquí –declaró Pepino–. Busquemos por otras partes de la casa. Señor Dallas, usted y Panzón busquen aquí abajo. Sandy y yo vamos a investigar el segundo piso.

El señor Dallas y Panzón fueron a la cocina y al patio. Mientras el papá de Sandy buscaba en el patio, Panzón entró cuidadosamente en un cuarto

2 **dejar atrás** hinter sich lassen – 3 **de mucho colorido** farbenprächtig – 4 **alejadas del camino** abseits der Straße – 6 **la reja** Gitter, Gittertor – 8 **el chofer** *Am* (Taxi-)Fahrer – 12 **la hierba** *hier:* Unkraut – 13 **la película de misterio** Krimi(nalfilm) – 14 **pegar un grito** einen Schrei ausstoßen – 15 **adentro de** *Am* in – 16 **recorrer la casa** *hier:* das Haus durchsuchen – 25 **de lado a lado** von einer Seite zur anderen – 29 **investigar** *hier:* durchsuchen – 32 **cuidadosamente** vorsichtig

cerca de la cocina. Se agachó para ver debajo de una cama cuando, de repente, la puerta se cerró con mucha fuerza.

– ¡Ay, chihuahua! –gritó y en seguida trató de abrir la puerta, pero no pudo–. ¡Socorro! ¡Socorro!

Al oír los gritos de su ayudante, Pepino salió corriendo de un dormitorio. Estaba bajando por las escaleras con mucha prisa cuando sintió que algo le sujetó los pies. Con un grito de sorpresa, Pepino cayó, rodando hasta el pie de las escaleras.

Instantes después de haber caído al suelo, un enorme candelero de hierro cayó a su lado, estrellándose contra el suelo tan sólo a unos centímetros de la cabeza del detective.

– ¡Papá! ¡Panzón! ¡Vengan rápido! –gritó Sandy mientras bajaba las escaleras para ayudar a Pepino.

El señor Dallas, que acababa de librar a Panzón del cuarto, entró corriendo.

– Y, ahora, ¿qué pasó?

– No se preocupen. Estoy bien. Un poco dolorido, pero estoy bien –respondió Pepino, levantándose del piso–.

No sé exactamente lo que pasó, pero sentí que algo me sujetó los pies por un instante.

– Yo sé lo que pasó, jefe. En esta casa hay fantasmas. Un fantasma me encerró en el cuarto y bloqueó la puerta con una mesa pesadísima. ¡Hay fantasmas aquí! –exclamó Panzón nerviosamente.

Sandy y su papá soltaron la risa al oír la explicación de Panzón. Pero a Pepino no le pareció nada chistoso.

1 **agacharse** sich bücken – 4 **¡Ay, chihuahua!** *Mex* Du lieber Himmel! – 6 **al oír**… *hier:* als es hörte – 9 **sujetar** festhalten – 10 **rodar** rollen; purzeln – 10 **el pie de las escaleras** Treppenabsatz – 12 **el candelero** Leuchter – 13 **estrellarse** aufschlagen – 13 **tan sólo a unos centímetros de la cabeza** knapp am Kopf vorbei – 20 **dolorido** angeschlagen – 26 **el fantasma** Gespenst – 27 **bloquear** verstellen – 29 **soltar la risa** in Gelächter ausbrechen – 31 **chistoso** witzig

– No, Panzón. No hay fantasmas aquí porque los fantasmas no fuman –declaró–. Miren allí en el suelo. Hay una colilla. Ustedes no fuman, ¿verdad?

– No, no fumamos –contestó el señor Dallas.

– Hmmmm. Y todavía está prendida –dijo Pepino recogiéndola del suelo–. No, Panzón, los fantasmas no fuman.

– Sí, jefe –insistió Panzón–, ¡estamos en una casa embrujada!

3 **la colilla** Zigarettenkippe – 5 **está prendida** *Am* sie glimmt noch – 9 **embrujado** verhext

Preguntas

1. ¿Por qué era importante Acapulco en la época colonial?
2. ¿En qué se convirtió Acapulco después de 1927?
3. ¿Cómo era la casa de Sandy y su papá?
4. ¿Por qué gritó Sandy antes de entrar en la casa?
5. ¿Cómo era el cuadro en la pared?
6. ¿Qué le pasó a Panzón en el cuarto cerca de la cocina?
7. ¿Qué le ocurrió a Pepino al bajar por las escaleras?
8. ¿Qué encontró Pepino en el suelo?
9. ¿Qué significaban las colillas en el suelo?

Conversación

1. ¿Conoce usted alguna historia de fantasmas? ¿Puede contarla en pocas palabras?
2. ¿Fuma usted? ¿Por qué? ¿Por qué no?

4. Panzón, el clavadista

Esa noche el señor Dallas invitó a los dos detectives a cenar a La Perla, un restaurante en el Hotel Mirador. Allí los mejores clavadistas de Acapulco se tiran al mar desde lo más alto de las rocas.

Después de una cena deliciosa de langosta y ceviche, todos hablaban de la casa.

– Quizá Panzón tenga razón –comentó Sandy–. Hay espíritus traviesos que hacen bromas a la gente.

– Sí, he oído de esos espíritus que pueden mover los muebles y hacer que las cosas vuelen por el aire. Pues si pueden hacer todo eso, jefe, también pueden fumar dijo Panzón.

– No es posible. No existen ni fantasmas ni espíritus traviesos. Alguien quiere asustarlos, nada más –respondió Pepino enfáticamente.

– Yo no lo creo –dijo el señor Dallas–. ¿Quién va a querer asustarnos? No conocemos a nadie más que al hombre que nos vendió la casa. Y además, ¿por qué querría alguien asustarnos?

Pepino le iba a contestar cuando oyeron el anuncio de que los clavadistas estaban preparándose para saltar. Los cuatro salieron del restaurante y caminaron hacia el mirador donde ya se había reunido mucha gente.

Era una noche maravillosa, con una brisa suave. Pepino ya se había olvidado de la conversación y ahora sólo quería mirar a Sandy. ¡Qué bonita era! Su cabello largo y rubio se movía con el viento.

4 **el clavadista** *Mex* der Felsspringer – 4 **tirarse al mar** ins Meer springen – 6 **la langosta** Languste – 9 **los espíritus** *hier:* die Geister – 13 **Pueden hacer que las cosas vuelen** Sie können Dinge fliegen lassen – 16 **Quiere asustarlos** Er möchte sie erschrecken – 17 **enfáticamente** nachdrücklich – 25 **el mirador** *hier:* Aussichtspunkt

Era una princesa de verdad y Pepino quería ser su caballero. Pensaba que, por fin, había encontrado a la mujer de sus sueños.

Pero Sandy estaba mirando a un hombre que se les acercaba. Era joven, guapo y bien vestido. Tenía los ojos y el cabello negros. Él saludó primero al señor Dallas y luego, sonriendo, miró a Sandy.

– Sandy –exclamó él–. ¡Cuánto me alegro de verte otra vez!

Los dos se dieron la mano. A Pepino le pareció que se quedaron cogidos de la mano mucho tiempo, ¡demasiado tiempo! ¡Y cómo le brillaban los ojos a Sandy al mirar a este hombre!

– Señor González –interrumpió el señor Dallas–, quiero presentarle a Mario Martínez. Él me vendió la casa. Es abogado en la capital.

– Mucho gusto de conocerlo –dijo Pepino fríamente.

– Señor Martínez –continuó Pepino–, ¿por qué les vendió una casa con tantos defectos?

– No, jefe, la casa no tiene defectos. Tiene fantasmas –le corrigió Panzón.

– ¿De qué están hablando? Yo no sé nada de fantasmas ni de defectos –dijo Mario–. Era la casa de mi abuelo. Cuando él murió, yo la heredé. En aquella época, yo era estudiante de derecho en la ciudad de México y luego, con mi trabajo jurídico, no he tenido tiempo para cuidar la casa. Había tratado de venderla, pero nadie la había querido comprar.

Entonces Pepino le contó las cosas misteriosas que les habían ocurrido a Sandy y a su papá. Habló

12 **Le brillaban los ojos a Sandy** Sandys Augen glänzten – 16 **el abogado** Rechtsanwalt – 26 **el estudiante de derecho** Jurastudent – 27 **el trabajo jurídico** Arbeit als Rechtsanwalt

de la carta anónima, de los ruidos misteriosos, de la figura en la ventana de la colilla.

A Panzón le pareció que su jefe hablaba demasiado. Él quería encontrar un lugar para poder dormir un ratito. Había comido muchísimo y ahora casi no podía caminar por el sueño que tenía.

– Me voy a sentar un rato en aquella silla –se dijo. Caminó al borde del mirador y se sentó en la silla. Estaba tan cansado que no vio al hombre que lo seguía. Era un hombre delgado que tenía una cicatriz en la frente. Sonreía maliciosamente.

Era ya la medianoche. El primer clavadista caminó al borde y se preparó a saltar. Por unos momentos se detuvo para concentrarse. Levantó los brazos dramáticamente y, en el instante en que iba a brincar, alguien soltó un angustioso grito.

– ¡Miren allá abajo! –exclamó una mujer.

Una figura blanca y redonda caía al mar.

Todos corrieron hacia el borde para verla mejor.

– ¿Qué pasa? –preguntó Pepino.

– ¡Un hombre ha caído al agua!

– ¡Seguramente está muerto! ¡Pobrecito!

Pepino se dio cuenta de que Panzón no estaba con ellos. Miró por todos lados pero no lo vio en ninguna parte. Empezó a sentirse inquieto.

– ¿Cómo es el hombre que cayó? –le preguntó Pepino a un hombre que estaba cerca del borde.

– No lo vi muy bien. Sólo vi que era gordo y que llevaba una camisa blanca.

– ¡Qué barbaridad! –exclamó Pepino muy alarmado–. Es Panzón. ¡Panzón ha caído al mar!

6 **tener sueño** müde sein – 11 **la cicatriz** Narbe – 11 **maliciosamente** hämisch – 13 **el borde** Rand – 14 **se detuvo** *(detenerse)* er blieb stehen – 16 **Alguien soltó un angustioso grito** Jemand stieß einen angstvollen Schrei aus – 22 **¡Pobrecito!** Armer Kerl! – 30 **¡Qué barbaridad!** So was! – 31 **alarmado** beunruhigt

Diez minutos más tarde, Mario, el señor Dallas y Pepino sacaban a Panzón del agua.

– ¡Gracias a Dios! ¡Panzón está vivo! –dijo Pepino con lágrimas de alegría en los ojos.

– ¡Es un milagro! Si no fuera por su estómago tan grande, Panzón se hubiera hundido –dijo Mario–. El estómago le sirvió de salvavidas.

– ¡Ay, chihuahua! ¡Qué miedo! –exclamó Panzón temblando como una hoja en el viento.

A pesar de la alegría que sentía, Pepino se enojó con su ayudante.

– ¡Qué cosa tan tonta! ¿Por qué te echaste al mar? ¿Te crees el nuevo campeón de los clavadistas?

Panzón lo miró muy sorprendido.

– Es que... Es que usted no entiende, jefe. Yo no salté. ¡Alguien me empujó!

5 **Si no fuera por su estómago tan grande**... Hätte er nicht einen so dicken Bauch gehabt ... – 6 ...**se hubiera hundido** ... wäre er versunken – 7 **el salvavidas** Rettungsring – 12 **echarse** *hier:* springen – 13 **el campeón** Meister

Preguntas

1. ¿Qué hacen los clavadistas?
2. ¿Quién se acercó al grupo?
3. ¿Por qué no le gustó a Pepino el joven abogado?
4. ¿Por qué había vendido Mario la casa de su abuelo?
5. ¿Por qué fue a sentarse Panzón?
6. ¿Quién siguió a Panzón?
7. ¿Según Mario, ¿qué salvó la vida a Panzón?
8. ¿Por qué se enojó Pepino con Panzón?

Conversación

1. ¿Con qué figuras de la literatura se pueden comparar Pepino y Panzón?
2. ¿Qué cualidades caracterizan al detective y a su ayudante?

5. Una excursión en lancha

Al día siguiente, Sandy, el señor Dallas, Pepino y Panzón se reunieron en el jardín de la casa. Aunque todavía era muy de mañana, el sol brillaba con fuerza. El incidente de la noche anterior ya parecía lejano. Panzón era el único que temblaba al pensar en su aventura. El señor Dallas y Pepino hablaban mientras Sandy les servía café.

– Quizá debería volver a hablar con el capitán de la policía –dijo el señor Dallas.

– Yo prefiero esperar hasta que tengamos más que ofrecerles que una teoría de fantasmas –contestó Pepino–. Sólo se van a reír de nosotros.

– Pero, jefe, no se olvide de mi accidente –añadió Panzón.

– Lo de anoche no tiene nada que ver con esta casa declaró Pepino.

En ese momento sonó el teléfono. Sandy corrió a la casa a contestarlo y regresó en poco tiempo. Sus ojos brillaban.

– Mario acaba de llamar. Ha alquilado una lancha y nos invita a dar una vuelta por la costa.

– Buena idea –respondió su papá–. Así podemos discutir el problema tranquilamente.

En ese momento, un auto negro se paró enfrente de la casa. Lo conducía un chofer con un uniforme gris y una gorra que le tapaba los ojos. Del asiento de atrás salió una mujer de unos 40 años. Tenía la nariz larga y chueca, y el pelo de un color gris azul. Llevaba un vestido rojo y gran cantidad de joyas:

4 **muy de mañana** sehr früh am Morgen – 5 **el incidente** Vorfall – 16 **No tiene nada que ver con**... Es hat nichts zu tun mit ... – 21 **la lancha** Boot – 27 **la gorra** Mütze – 27 **tapar** bedecken – 29 **chueco** *Am* krumm

tres o cuatro pulseras en cada brazo, dos collares de diamantes y rubíes y unos aretes grandes y brillantes. Tenía una expresión de mal genio, como si hubiera comido una docena de limones.

– ¡Eh! Es una bruja –exclamó Panzón en voz baja.

– No, Panzón, es nuestra vecina –le explicó Sandy–. Es una americana que ha vivido en Acapulco por muchos años. Todo el mundo la llama doña Iguana. He oído que es millonaria.

Al acercarse la mujer, Pepino y Panzón entendieron por qué la llamaban doña Iguana. Era muy fea y sus pequeños ojos se movían de lado a lado como los de una iguana buscando insectos para comer.

– Muy buenos días –dijo el señor Dallas cortésmente.– No vengo de visita, señor. He venido a avisarles de un peligro terrible –anunció ella en voz baja y ronca, casi masculina–. Si no lo saben, yo soy espiritista. Anoche, en una sesión especial, recibí un mensaje del espíritu que me sirve de contacto con el mundo sobrenatural.

– Fantasmas diabólicos habitan esta casa –continuó doña Iguana gravemente–. ¡Y son capaces de asesinarlos a todos ustedes! Les quería avisar del peligro, nada más. A mi juicio, deberían ustedes salir de aquí lo más pronto posible. Hoy o mañana a más tardar. Hasta luego.

Doña Iguana se marchó. Todos se miraron con sorpresa.

– ¿Ya ve, jefe? Sí hay fantasmas en la casa. Tengo razón –exclamó Panzón, muy satisfecho.

1 **la pulsera** Armreif – 2 **el rubí** Rubin – 2 **el arete** *Am* Ohrring – 3 **de mal genio** schlechter Laune – 5 **la bruja** Hexe – 9 **la iguana** Leguan – 15 **cortésmente** höflich – 17 **ronco** heiser – 18 **el espiritista** der Spiritist – 18 **la sesión** die Sitzung – 20 **sobrenatural** übernatürlich – 21 **diabólico** teuflisch – 23 **asesinar** ermorden – 24 **a mi juicio** nach meiner Meinung – 26 **a más tardar** spätestens – 30 **satisfecho** zufrieden

– ¡Qué mujer más rara! –dijo el Sr. Dallas–. Yo no estoy seguro de que existan fantasmas; sin embargo, nada es imposible. Y, además, ella es espiritista.

– ¡Bah! No le haga caso. Es una loca –declaró Pepino.

– No sé. Vámonos al muelle. Prefiero estar en una lancha que en esta casa –dijo Sandy.

Media hora más tarde todos estaban en la lancha que había alquilado Mario en el Club de Pesca. La lancha saltaba rápidamente por el mar hacia las aguas más hondas del Pacífico. Mientras tanto Mario les enseñaba la bella costa de Acapulco.

– Como pueden ver –dijo–, Acapulco queda en una bahía.

– ¿Qué es el edificio que está allá lejos? –preguntó Sandy, apuntando hacia una colina en la costa sobre la cual había un edificio enorme.

– Es la Fortaleza de San Diego,* construida en 1616 para proteger el puerto contra los piratas. El terremoto de 1776 la destruyó. Más tarde la reconstruyeron. Fue allá donde los mexicanos derrotaron a los españoles durante la Guerra de Independencia. * Ahora la fortaleza se usa para el Festival del Cine.

– ¡Ah! –exclamó Sandy, mirando dulcemente a Mario–, a ti también te gusta la historia. Tenemos mucho en común.

– A los detectives les gusta la historia también –añadió Pepino.

Panzón se quitó el sombrero de paja. Estaba sudando mucho y su cara se puso pálida.

– Ay, jefe, estoy mareado. No me siento bien.

4 **¡No le haga caso!** Hören Sie nicht auf sie! – 6 **el muelle** Mole – 13 **quedar en** *hier:* liegen an – 14 **la bahía** Bucht – 16 **apuntar hacia** zeigen auf – 18 **la fortaleza** Festung – 21 **reconstruir** wieder errichten – 22 **derrotar** besiegen – 30 **quitarse** ablegen, ausziehen – 32 **estoy mareado** mir ist schwindlig; *hier:* ich bin seekrank

– ¡Caramba, Panzón! Siempre te estás quejando. Debes pensar en las cosas importantes, como la historia.

De repente, se paró el motor. El barco estaba en pleno mar, lejos de las playas de Acapulco. El mar, que era de un color verde oscuro, parecía sin fondo.

– ¿Hay muchos peces por aquí?

– ¡Claro que sí! –respondió Mario–. Hay mucho merlo,* huachinango, atún, *pámpano y aun tiburón.

El capitán de la lancha se acercó a Mario. Era un hombre alto y bronceado. Parecía un descendiente de los piratas.

– El motor está descompuesto –anunció.

Mientras que Mario y el señor Dallas iban a examinar el motor, el capitán se quedó a buscar algo en una caja de herramientas que estaba cerca de Pepino. Sacó un martillo y miró intensamente a Pepino. Mientras tanto, Pepino, Panzón y Sandy observaban algo negro y grande que nadaba en el mar.

– ¿Qué es? –preguntó Sandy–. Parece un pez monstruoso.

– Creo que es un tiburón –respondió Pepino.

– Debemos capturarlo y llevarlo a la casa para espantar al fantasma –sugirió Sandy.

– Y para espantar a doña Iguana yyyyyyyy...

En un abrir y cerrar de ojos, Pepino estaba en el agua, con la cara cubierta de sangre. El capitán corrió para llamar a Mario y al señor Dallas.

1 **¡Caramba!** Mensch! – 5 **en pleno mar** auf hoher See – 10 **el atún** Thunfisch – 11 **el tiburón** Haifisch – 13 **bronceado** gebräunt – 13 **el descendiente** Nachfahre – 15 **descompuesto** *Am* defekt – 17 **Se quedó a buscar**... Er blieb dort, um ... zu suchen – 18 **la herramienta** Werkzeug – 19 **el martillo** Hammer – 19 **intensamente** eindringlich – 23 **un pez monstruoso** ein ungeheuerlicher Fisch – 26 **capturar** fangen – 27 **sugirió** *(sugerir)* sie schlug vor – 29 **en un abrir y cerrar de ojos** im Nu

Sandy vaciló un segundo y luego saltó al agua para salvar a Pepino. El tiburón nadaba en círculos alrededor de él.

– ¡Socorro! ¡Ayúdenme!

Rápidamente, Sandy nadó hacia Pepino y lo agarró. Con mucha destreza, y manteniéndole la cabeza sangrienta sobre el agua, nadó con él hacia el salvavidas que les había tirado Mario. Los dos agarraron el salvavidas. Pepino empezó a dar patadas y a gritar angustiosamente. El tiburón estaba muy cerca de ellos.

El señor Dallas y Mario jalaron el salvavidas con toda su fuerza. Cuando llegaron al lado del barco, Mario cogió a Sandy de las muñecas y la ayudó a subir. Luego, él y el señor Dallas agarraron a Pepino y, al empezar a sacarlo del agua, el tiburón alcanzó a golpearle la pierna.

– ¡Ay, caramba! ¡Me está comiendo! ¡Sáquenme! ¡Rápido! –gritó Pepino, desmayándose.

Una vez en el barco, Pepino, con la cabeza todavía sangrienta, permanecía inconsciente.

– ¡Está muerto! Mi jefe está muerto –exclamó Panzón.– No, no, sólo se desmayó –insistió Mario, echándole agua en la cara para reanimarlo.

Mientras tanto, el capitán volvió a meter el martillo a la caja.

Pepino abrió los ojos lentamente. Estaba bastante atontado.

– ¿Dónde estoy? ¿Qué pasó?

– Te caíste al mar, pero ya estás bien –le dijo Sandy suavemente mientras le limpiaba la herida en la cabeza.

1 **vacilar** zögern – 6 **agarrar** festhalten – 6 **la destreza** Geschicklichkeit – 10 **dar patadas** mit den Beinen ausschlagen – 10 **angustiosamente** ängstlich – 12 **jalar** *AmC, Mex* (heran)ziehen – 14 **la muñeca** *hier:* Handgelenk – 20 **una vez**… *hier:* schon, endlich – 21 **sangriento** blutig – 21 **inconsciente** bewusstlos – 24 **reanimar** wiederbeleben – 28 **atontado** *hier:* benommen

– Sólo te golpeaste la cabeza con algo y te caíste del barco.

Pepino movió la cabeza de un lado a otro. El dolor era tremendo.

El capitán arrancó el motor. El barco viró y se dirigió al puerto.

– Algo bloqueó la gasolina, pero ahora ya está bien –anunció el capitán de una manera muy cortante.

1 **golpear** anstoßen – 5 **arrancar** *hier:* anlassen – 5 **virar** umdrehen – 9 **cortante** scharf

Preguntas

1. ¿Por qué llamó Mario por teléfono a Sandy?
2. ¿Como era la vecina de los Dallas?
3. ¿Qué les cuenta doña Iguana?
4. ¿Qué tienen en común Mario y Sandy?
5. ¿Por qué se apagó el motor de la lancha?
6. ¿Cómo era el capitán de la lancha?
7. ¿Cómo salvó Sandy a Pepino?

Conversación

1. ¿Puede usted describir una playa conocida?
2. ¿Le gustan a usted las comidas exóticas?

6. Las cerillas del banco

Durante toda la mañana, Pepino se sintió algo atontado. Tenía un fuerte dolor de cabeza. Sandy había insistido en que debía descansar en el dormitorio más grande de la casa. Pero Pepino no podía descansar porque estaba enojado consigo mismo.

– ¡Sherlock Holmes nunca se hubiera caído al mar! ¿Cómo fue posible eso? A ver, primero me estiré para ver el tiburón. Después, sentí un golpe en la cabeza y luego me encontré en el océano.

Pepino pensaba en el accidente cuando entró Sandy con una charola.

– Te traigo un poquito de caldo. Tómalo y te sentirás mejor.

Sandy sonrió dulcemente y salió del cuarto. El corazón de Pepino palpitaba rápidamente. No pudo ni darle las gracias por el amor que sentía. Pepino tomó la sopa y volvió a pensar. Se olvidó del dolor de cabeza.

– Tengo que levantarme. No quiero que Sandy piense que soy débil. Ya sé. Voy a seguir buscando por la casa. Quizás encuentro algo más sobre los fantasmas y puedo resolver el misterio ya de una vez. Así, Sandy sabrá que soy el mejor detective de todo México.

Pepino se puso las pantuflas del señor Dallas y comenzó a buscar por el cuarto. Abrió cajones y miró detrás de la puerta. Luego bajó por las escaleras y fue al lugar donde había hallado la colilla el día anterior.

8 **Nunca se hubiera caído** Er wäre niemals gefallen – 13 **la charola** *Am* Tablett – 14 **el caldo** Brühe – 17 **palpitar** schlagen *(Herz)* – 24 **de una vez** *hier:* endlich – 27 **las pantuflas** Pantoffeln – 28 **el cajón** *hier:* Schublade

Buscó debajo de una mesa y detrás de las cortinas. Luego se paró. Sacó una pipa del bolsillo y un paquete de tabaco.

– Fumaré un ratito –se dijo–. Quizás la pipa me ayude a pensar. Ahora me parezco a Sherlock Holmes, ¡sólo me falta la música de suspense!

Metió la mano en el bolsillo en busca de unas cerillas. Vio algo tirado en el piso. Se agachó y lo recogió. Era una caja de cerillas. Encendió la pipa aspirando fuertemente hasta que le salió humo por todas partes: por la boca, por la nariz y hasta por las orejas. Iba a meterse las cerillas en el bolsillo cuando notó la inscripción en la cubierta:

«Ahorre en el Banco de Cuernavaca donde su dinero gana más.»

– ¡Hmmmm! –pensó el detective–. Es curioso. El señor Dallas y Sandy no fuman. Tampoco han estado en Cuernavaca*. ¿Quién trajo estas cerillas aquí?

De repente se dio cuenta de que había descubierto un indicio. Abrió los ojos con placer.

– ¡Magnífico! ¡He encontrado algo importante!

– Miren lo que encontré –exclamó Pepino al entrar en el jardín donde estaban sentados los demás. Les enseñó la cajita.

– Las cerillas vienen de Cuernavaca –dijo el señor Dallas–. ¿Pero por qué están aquí? Nosotros nunca hemos estado en Cuernavaca.

– Se me hace que he oído hablar de ese banco –comentó Mario–. Pero no recuerdo cuándo.

– No importa. Lo importante es que he encontrado un indicio. También es la prueba de que no hay fantasmas en esta casa porque los

6 **la música de suspense** die spannungsgeladene Musik – 8 **la cerilla** Streichholz – 10 **aspirar** einatmen – 13 **la inscripción** Aufschrift – 13 **la cubierta** *hier:* Oberseite – 18 **¿Quién trajo… ?** *(traer)* Wer hat … gebracht? – 21 **el indicio** Anzeichen – 29 **Se me hace que…** *Am* Mir ist so, als ob …

fantasmas no usan cerillas ni tienen cuentas de ahorros. Debemos ir a Cuernavaca a investigar.

– Es buena idea –añadió Mario–. Podemos ir hoy mismo en mi auto, si es que Pepino no está demasiado débil.

– Estoy perfectamente bien –respondió Pepino–. Solo tengo que ponerme los zapatos y estaré listo. Un golpecito no puede afectar a un hombre tan fuerte como yo. – Bueno, vayan ustedes –dijo el señor Dallas–. Yo me quedo aquí a cuidar la casa.

Quince minutos más tarde, Mario, Sandy, Pepino y Panzón subieron al auto. El señor Dallas les dijo:

– ¡Tengan cuidado! Puede ser que estén metiéndose en algo peligroso.

Mario conducía rápidamente por el pintoresco camino. Pasaron por pueblos pequeños y por el campo. Vacas y burros andaban tranquilamente por la carretera. A veces veían niños jugando a la pelota. Pero nadie prestaba mucha atención al paisaje. Todos estaban pensando en lo que había ocurrido durante la últimas cuarenta y ocho horas.

– Este asunto es muy extraño –dijo Panzón–. No entiendo nada. Siempre tengo hambre cuando no entiendo nada. Ahora tengo mucha hambre.

– No te preocupes. Panzón. Y olvídate de la comida. Yo soy un detective de primera clase. Pronto resolveré el misterio.

Pasó otra hora. Habían llegado a la mitad de los trescientos kilómetros entre Acapulco y Cuernavaca. Tenían que pasar por el Cañón del Zopilote*, donde hacía muchísimo calor. La carretera era nueva y siempre había camiones y autobuses que viajaban

1 **la cuenta de ahorros** Sparkonto – 13 **Puede ser que estén metiéndose en...** Möglicherweise lassen sie sich eben in ... ein

entre las dos ciudades. Panzón miró otra vez por la ventanilla.

- Creo que un auto negro nos está siguiendo -anunció nerviosamente.

- Lo dudo -dijo Mario-. Por este camino hay mucho tráfico.

- Sí, pero este auto ha estado detrás de nosotros durante dos horas -insistió.

- Es muy parecido al auto de doña Iguana -añadió Sandy-. Pero, ¿por qué nos seguiría ella?

Es ese momento, el auto negro se adelantó colocándose al lado del de ellos. Iba a alta velocidad. Pepino vio que un hombre vestido como el chofer de doña Iguana lo conducía. De repente, el hombre dio vuelta al volante. ¡Iba a chocar contra el auto de Mario!

- ¡Ay! Nos quiere matar -gritó Sandy.

Pero, al último minuto, Mario logró desviar el auto impidiendo un grave accidente. El auto se les acercó otra vez, forzándolos casi a salirse de la carretera. Todos se alarmaron al ver la expresión cruel que tenía el chofer del auto negro.

- ¡Es un loco! -gritó Pepino.

- Tengan cuidado! Voy a frenar -exclamó Mario.

Mario frenó fuerte y paró su auto, lanzando a los cuatro pasajeros bruscamente hacia adelante. El chofer del auto negro los miró y sonrió diabólicamente antes de seguir adelante.

- ¡Por poco nos mata! -exclamó Panzón con angustia.

- Sandy, ¿cómo estás? preguntaron Pepino y Mario a la vez.

2 **la ventanilla** *hier:* Autofenster – 11 **adelantarse** *hier:* näher kommen – 12 **colocándose al lado del de ellos** und er fuhr seitlich an sie heran – 15 **el volante** das Steuerrad – 15 **chocar contra**... mit ... kollidieren – 18 **Logró desviar el auto** Es gelang ihm, das Auto herumzureißen – 21 **alarmarse** schrecken – 24 **frenar** bremsen – 26 **bruscamente** plötzlich – 29 **¡Por poco nos mata!** Er hätte uns beinahe umgebracht!

–Estoy bien –respondió la chica, respirando profundamente–. No entiendo. ¿Por qué trató de matarnos ese hombre? No le hicimos nada a él.

–¿Quién sabe? A lo mejor estaba borracho. Bueno, si todos están bien, sigamos a Cuernavaca. Ya casi llegamos.

4 **borracho** betrunken

Preguntas

1. ¿Por qué está Pepino enojado consigo mismo?
2. ¿Cómo fuma Pepino?
3. ¿Qué indicio encontró el detective?
4. ¿Es ese indicio una prueba de que no existen los fantasmas? ¿Por qué?
5. ¿Cómo era el camino a Cuernavaca?
6. ¿Por qué creía Panzón que un auto los seguía?
7. ¿Qué trató de hacer el chofer del auto negro?
8. ¿Cómo explicó Mario las acciones del chofer?

Conversación

1. ¿Por qué no deben conducir auto los borrachos?
2. ¿Respeta usted siempre todas las señales de tráfico? ¿Por qué?

7. En la ciudad de las flores

Por fin, todos llegaron sanos y salvos a Cuernavaca. Cuernavaca es una bella ciudad llena de flores, de casas con hermosos jardines y de mercados. Pero los pasajeros estaban preocupados por el incidente en la carretera. Pepino también estaba pensando que, al resolver este caso, sería un hombre famosísimo. Panzón pensaba que ya era hora de comer. Sandy pensaba en su papá y en la casa que había comprado. Y Mario se preguntaba por décima vez:

– ¿Por qué quería matarnos ese hombre? Posiblemente era un borracho que no sabía manejar.

El auto cruzó las calles tranquilas del pueblo, hasta llegar al zócalo.

– ¿Qué hacemos ahora? –preguntó Sandy.

– Vamos al Banco de Cuernavaca –respondió Mario–. Quiero hacer unas preguntas sobre las cerillas que encontramos en tu casa. Son un indicio importante.

– Ah, sí, las cerillas que yo encontré –añadió Pepino. Mario paró el auto enfrente de un edificio colonial. Mucha gente entraba y salía. Algunos llevaban cámaras y sacaban fotografías del edificio.

– ¿Es éste el banco? –preguntó Panzón.

– Es el Palacio de Cortés *–explicó Mario–. Fue construido en 1530 y hoy día es donde está situada la Asamblea Legislativa. Adentro hay un museo de arte. Allí se encuentran unos murales que pintó Diego Rivera. *

2 **sano y salvo** gesund und munter – 7 **al resolver este caso** wenn er erst einmal diesen Fall gelöst hat – 14 **manejar** *Am* Auto fahren – 23 **un edificio colonial** ein Gebäude aus der Kolonialzeit – 29 **la Asamblea Legislativa** *hier:* Bürgermeisteramt – 29 **adentro** *bes. Am* innen – 30 **el mural** Wandgemälde

– ¿Diego Rivera? –dijo Panzón, algo confuso–. ¿Es el futbolista brasileño?

– Rivera fue uno de los mejores artistas de México –explicó Sandy–. Sus murales reflejan temas sociales sobre los indios, el pueblo y la revolución. Siempre pintaba en colores muy vivos.

Caminaron dos cuadras y llegaron al Banco de Cuernavaca. Pero, al acercarse a la entrada, quedaron sorprendidos al ver que las puertas estaban cerradas. No había nadie en el banco, sólo un viejito que limpiaba las ventanas.

– Pero, ¿qué pasa? –preguntó Mario–. ¿Por qué está cerrado el banco hoy?

El viejito dejó su trabajo y los miró con sorpresa.

– ¿No han oído? Anteayer robaron aquí en el banco y la policía mandó cerrarlo.

– ¡Qué! –exclamaron todos a la vez.

– Sí –continuó el viejito–. Oí a un policía decir que fue el trabajo de unos ladrones expertos. Sin duda fue la banda que ha estado atracando bancos en todo el país. Se llevaron todo el dinero y… ¡hasta se llevaron unas cajas de cerillas!

Al oír esto, Mario abrió los ojos con interés. Sacó algo del bolsillo y se lo mostró.

– ¿Cerillas? ¿Como éstas?

– Sí –dijo el viejito.

– ¡Caramba! –exclamó Pepino–. ¡Son las cerillas que yo encontré! Esto significa que los ladrones estuvieron en Acapulco.

– No entiendo –dijo Panzón–. ¿Por qué fueron los ladrones a la casa de Sandy?

– Yo tampoco entiendo –dijo Mario–. Pero sé que si encontramos la solución a esa pregunta,

1 **confuso** verwirrt – 2 **el futbolista** Fußballspieler – 4 **reflejar** widerspiegeln; *hier:* sich beziehen auf – 4 **el tema** Thema; *hier:* Problem – 7 **la cuadra** *Am* Häuserblock

sabremos mucho. Sin embargo, no debemos concluir que los ladrones dejaron las cerillas en casa del señor Dallas. Puede ser una coincidencia, nada más.

– Debemos hablar con la policía –dijo Sandy.

– Es una buena idea –afirmó Mario.

Cruzaron el zócalo y un hermoso parque, los Jardines Borda*, que datan del siglo XVIII. Las plantas, las flores y los árboles estaban todos muy cuidados. Rosas blancas y amarillas crecían alrededor de unos puentes. No había mucha gente en el parque.

Sólo había unos niños jugando con barquitos en el agua y algunas señoras sentadas en bancos, tejiendo.

– ¡Qué parque más bonito! –exclamó Sandy, olvidándose de sus problemas por un instante.

– ¡Sí! –contestaron Mario y Pepino a la vez.

Panzón también miraba por el parque, pero no le interesaban ni las flores ni la bella Sandy. Panzón estaba nervioso. Tenía un presentimiento. Miró por todos lados pero no vio nada. Sin embargo sentía cosquillas en la espalda. Estaba seguro de que alguien los estaba observando. De repente vio que algo se movió detrás de un árbol. ¡Un hombre estaba escondido, mirándolos!

– ¡Eh! –dijo Panzón–. ¡Alguien nos observa! ¡Allá!

Voltearon y vieron a un hombre en la distancia, medio escondido por el árbol. Todos lo reconocieron al mismo instante. ¡No sería fácil olvidarse del hombre que hacía media hora había tratado de matarlos!

2 **concluir** *hier:* folgern – 3 **la coincidencia** Zufall – 8 **datar de** stammen aus – 13 **el barquito** Schiffchen – 15 **tejer** *Am* stricken – 21 **el presentimiento** Vorahnung – 23 **Sentía cosquillas en la espalda** Er fühlte so etwas wie ein Kitzeln im Rücken – 28 **voltear** *Am* sich umdrehen – 31 **hacía media hora** vor einer halben Stunde

– ¡Ay! –exclamó Sandy.– Es el chofer del auto negro, el que trató de matarnos en la carretera.

Al ver que lo habían reconocido, el hombre comenzó a correr en la dirección opuesta.

– ¡Pronto! ¡Agárrenlo! –gritó Mario.

Sandy y el joven abogado corrieron detrás del hombre, mientras que los dos detectives trataron de seguirlos. Pero corrían demasiado rápido y Pepino y Panzón quedaron atrás. Los otros ya habían desaparecido.

– ¡Qué cansado estoy! –exclamó el gordo.

Pepino también estaba cansado. Miró alrededor.

– No los veo en ningún lado.

– Creo que estamos perdidos –interrumpió Panzón.

– Yo sé dónde estamos.

4 **la dirección opuesta** die entgegengesetzte Richtung

Preguntas

1. ¿En qué pensaban durante el viaje Sandy, Pepino, Panzón y Mario?
2. ¿Quién fue Diego Rivera?
3. ¿Por qué no entraron los cuatro al Banco de Cuernavaca?
4. ¿Qué habían robado los ladrones en el banco?
5. ¿Puede usted describir el zócalo de Cuernavaca?
6. ¿Quién estaba escondido detrás del un árbol?
7. ¿Qué hizo el hombre al ver al grupo?

Conversación

1. ¿Cómo pregunta usted por una dirección desconocida? ¿Puede escribir un pequeño diálogo sobre el tema?
2. ¿Puede usted contar algún robo ocurrido en su ciudad?

8. Una conversación peligrosa

– ¡No! –insistió Pepino con autoridad–. No estamos perdidos. ¡Yo nunca me pierdo! Soy como Sherlock Holmes. Tengo un excelente sentido de la orientación.

– Sí, sí –dijo Panzón, muy paciente–, pero ahora, ¿qué le dice su sentido de la orientación?

– Hmmmm –pensó Pepino, tratando de no revelar que en realidad él tampoco sabía dónde estaban–. Me dice que debemos seguir adelante.

Los dos hombres, aunque ya estaban cansados y hambrientos, continuaron caminando por las calles de Cuernavaca. Pero en vez de encontrar a Mario y a Sandy, pronto descubrieron que habían llegado a un mercado grande y nuevo. Mucha gente y varios camiones cargados de piñas, coca-cola y pan llenaban la calle. También había unos vendedores con charolas de dulces y pasteles. Al ver tanta comida, Panzón abrió los ojos y le dio unos golpecitos a su estómago.

– Mire, jefe, qué pasteles tan sabrosos –exclamó.

Adentro, el mercado era limpio y moderno. Había puestos donde se vendía de todo: carne, verduras, fruta, queso, nueces, flores, ropa, zapatos y cosas para la casa. Pepino se fijó en la gente. Buscaba a Mario y Sandy pero sólo pudo ver a mujeres con canastas, haciendo sus compras, y a niños corriendo por aquí y por allá.

– Creo que no encontraremos a Sandy y a Mario aquí. Será mejor regresar al zócalo.

4 **el sentido de la orientación** der Orientierungssinn – 6 **paciente** geduldig – 12 **hambriento** hungrig – 16 **la piña** Ananas – 21 **sabroso** schmackhaft – 24 **la nuez** Walnuss – 25 **fijarse en la gente** die Menschen beobachten – 27 **la canasta** Korb

– ¡Pero, jefe, me muero de hambre! –se quejó Panzón.

– ¡Caramba! –gritó Pepino. – ¡Pero tú siempre estás pensando en la comida! ¿No te das cuenta de que estamos metidos en un asunto importantísimo?

En ese momento se les acercó una vendedora de chiles. Era muy gorda y, al sonreír, se veía que le faltaban todos los dientes. La señora, que era bastante agresiva, agarró a Pepino por el brazo y le mostró los chiles verdes que vendía, metiéndolos bajo las narices del investigador.

– ¡Compre unos chiles, señor! ¡Sólo están a dos pesos* el kilo!

Llegó otra vendedora. Ésta también tenía una canasta llena de chiles verdes. Ella le agarró el otro brazo.

– ¡Mire usted, señor! Estos chiles son mejores. ¡Se los dejo a uno cincuenta!

– ¡Achuuu, achú! –estornudó Pepino–. ¡Por favor, señoras! Perdón, pero no quiero comprar chiles. ¡Los chiles siempre me hacen estornudar!

Pero Panzón sí tenía hambre. Metió la mano en la canasta de la vendedora más gorda y sacó un chile verde grandote. Se echó el chile en la boca y lo masticó.

– A mí sí me gustan los chiles –dijo con placer.

Pero inmediatamente cambió de expresión. Puso una cara de angustia.

– ¡Me muero! –gritó–. ¡Me muero!

Y corrió como un loco en la dirección de un fregadero. Abrió la llave y tomó muchos tragos de agua. Con la mano sobre el estómago, Panzón

5 **estar metido en**... mittendrin stecken in ... – 7 **el chile** *Am* die Pfefferschote – 10 **metiéndolos bajo las narices del investigador** indem sie sie dem Detektiv unter die Nase hielt – 19 **estornudar** niesen – 24 **Se echó el chile en la boca** Er steckte die Pfefferschote in den Mund – 25 **masticar** kauen – 27 **Puso una cara de angustia** *(poner)* Er machte ein angstvolles Gesicht – 31 **el fregadero** Spülbecken – 31 **la llave** *hier:* Wasserhahn

regresó adonde lo estaban esperando Pepino y las dos vendedoras.

–¡Ay! –anunció tristemente–, ¡jamás podré comer!

Por fin, los dos detectives salieron del mercado. Se quedaron parados en la puerta. Un viento fresco soplaba. Ya era tarde. Se miraron sin saber qué hacer.

–¿Y ahora qué? –preguntó Panzón.

Cerca de donde estaban los dos detectives, dos hombres estaban parados a la sombra de un camión de refrescos. Los hombres no se habían dado cuenta de la proximidad de los detectives y, aunque hablaban en voz baja, el viento llevó la conversación a los oídos de Pepino y Panzón. Uno de los hombres tenía puesta una gorra.

–¡Mire, jefe! –exclamó Panzón–. ¡Es el hombre del auto negro! El que casi nos mató en la carretera.

El hombre de la gorra comenzó a hablar:

–Dice el jefe que tenemos que encontrar otro refugio. ¡Ese loco investigador ha descubierto demasiado! No han tomado en serio nuestras amenazas. Esta noche nos reuniremos en Acapulco para repartir el dinero.

Su compañero, un hombre de aspecto cruel, con una cicatriz en la frente, encendió un cigarrillo.

–Bueno –dijo–, pero ya estoy hasta la coronilla de estos investigadores. Debemos eliminarlos ya de una vez. –Y metió la mano en el bolsillo, donde era evidente que tenía una pistola.

–Ten cuidado –le dijo el otro–. ¡Al jefe no le gustan los asesinatos!

Con esto terminó la conversación.

21 **el refugio** Unterschlupf – 23 **la amenaza** Drohung – 27 **Estoy hasta la coronilla de…** Ich habe die Nase voll von … – 28 **eliminar** beseitigen – 32 **el asesinato** Mord

–¿Oyó eso? –preguntó Panzón alarmado–. ¡Hablaron de nosotros!

–No entendí lo que decían –dijo Pepino–. ¿Qué dinero? ¿Qué refugio en Acapulco?

–¡Qué tipos malos! –dijo Panzón–. ¡No me gustaría meterme con ellos!

–Tienes razón –le contestó Pepino–. Son bandidos muy peligrosos. Estoy seguro de que tienen algo que ver con todo lo que nos ha ocurrido en Acapulco.

De repente Mario y Sandy llegaron corriendo.

–¿Adónde fueron ustedes? –exclamó Mario, enojado–. Tenemos que regresar inmediatamente a Acapulco.

–Sí –añadió Sandy–. Cuando perdimos a ese hombre, traté de llamar a papá por teléfono pero no contestó. ¡Temo que algo terrible le haya pasado!

La bella muchacha los miró a todos con ojos angustiados.

6 **meterse con ellos** *hier:* mit ihnen zu tun haben – 17 **Temo que algo terrible le haya pasado** Ich fürchte, ihm ist etwas Schreckliches passiert

Preguntas

1. ¿Según Pepino, ¿en qué se parece él a Sherlock Holmes?
2. ¿Cómo era el mercado que vieron Pepino y Panzón?
3. ¿Cómo era la vendedora de chiles?
4. ¿Por qué no le gusta a Pepino comer chiles?
5. ¿Por qué juró Panzón que no volvería a comer?
6. ¿Qué escucharon Pepino y Panzón cerca de un camión de refrescos?
7. ¿Por qué se había asustado tanto Sandy?

Conversación

1. ¿Qué comida prefiere usted ? ¿Sabe cómo se hace?
2. ¿Conoce usted alguna comida mexicana o española? ¿Puede contar cómo es y cómo se hace?

9. ¿Dónde está el señor Dallas?

Durante el regreso a Acapulco, Pepino les contó a Mario y a Sandy la conversación que había escuchado en el mercado.

– ¿Reconociste a los dos hombres? –le preguntó Mario.

– Sí –afirmó Pepino–. Uno era el chofer del auto negro, el que trató de matarnos. Cuando ustedes lo perdieron de vista, fue al mercado a reunirse con otro bandido. Al otro no lo reconocí.

Panzón había estado pensando.

– ¡Yo sé quién era! –exclamó–. Lo vi la noche que el señor Dallas nos llevó al restaurante. Recuerdo haberlo visto detrás de mí antes de caer al mar.

– ¡Quizás él te empujó! –añadió Mario.

– Pero, ¿por qué? –preguntó el gordo–. ¡Yo soy inocente! Yo no he hecho nada.

– Todavía no lo sabemos todo –continuó Mario en tono preocupado–. Pero ahora sí les apuesto que tiene algo que ver con el robo del banco. ¡Y tengo un presentimiento de que algo muy importante tendrá lugar esta noche en la casa de Sandy!

Pepino escuchó a Mario con irritación. Estaba enojado. ¡El joven Mario siempre lo sabía todo!

– ¡Sandy va a pensar que él es mejor detective que yo! –pensó Pepino con furia–. Tengo que encontrar al jefe de estos bandidos. Tengo que descubrir la causa de todos los incidentes extraños.

19 **les apuesto que**… *(apostar)* ich wette mit Ihnen, dass – 22 **tendrá lugar** *(tener)* es wird stattfinden – 23 **con irritación** *hier:* verärgert – 26 **la furia** Wut

¡Así Sandy sabrá que yo soy el más inteligente y el más valiente!

De repente Pepino tuvo una idea curiosa. Miró a Mario con nuevo interés:

– Cada vez que Mario está con nosotros, siempre ocurre algo extraño –se dijo–. Apenas lo conocemos. ¡A lo mejor Mario es el jefe de los bandidos! ¡Tengo que observarlo bien!

El sol se ponía en el cielo. Un aire frío entró al automóvil. A Sandy se le puso la piel de gallina.

– Pronto estará oscuro –dijo la jovencita nerviosamente–.

¡Espero que no le haya pasado nada malo a papá!

– No te preocupes, Sandy –dijo Mario tratando de consolarla–. Pronto llegaremos.

– Hmmmm. –pensó Pepino con sospecha–. ¡Este muchacho tiene respuestas para todo!

Era ya muy de noche cuando llegaron a Acapulco. Mario condujo el auto a la casa de Sandy y lo estacionó frente a la reja principal. Todos notaron que no había ninguna luz prendida en la casa.

– ¿Dónde estará papá? –preguntó Sandy–. ¿Por qué no ha prendido las luces?

– ¡Vengan! –dijo Mario y, tomando a Sandy por el brazo, fueron a la casa.

Pepino y Panzón también caminaron hacia la casa. Pero, antes de entrar, Panzón vio un auto negro estacionado cerca de un árbol. La noche oscura casi lo tapaba a la vista.

– ¡Mire, jefe! –dijo en voz baja–. ¡Los bandidos están aquí!

– ¡Tonto! Es el auto del señor Dallas –contestó Pepino.

9 **El sol se ponía**... Die Sonne ging unter – 10 **Se le puso la piel de gallina** *(poner)* Sie bekam Gänsehaut – 16 **con sospecha** *hier:* argwöhnisch – 20 **estacionar** parken – 21 **No había ninguna luz prendida**... *Am* Kein Licht brannte ... – 28 **La noche oscura lo tapaba a la vista** Die dunkle Nacht verdeckte den Blick darauf

– No –insistió Panzón–. ¡Es el mismo auto negro que casi chocó con nosotros en la carretera! Es el auto de doña Iguana.

– Bueno, quizás tengas razón. ¿Pero qué hace este coche aquí? –Pepino estaba perplejo.

Al entrar en la casa, encontraron a Sandy en el salón. La chica estaba muy preocupada.

– ¡No encuentro a papá! –dijo ella casi llorando.

– Vamos a buscarlo –sugirió Mario–. Ustedes dos investiguen este piso y Sandy y yo buscaremos en…

Antes de terminar sus instrucciones, lo interrumpieron unos gritos agudos.

– ¡Es el fantasma! –exclamó Panzón asustado–. ¡Salgamos de aquí!

– ¡Cállate, Panzón! –le ordenó Pepino–. ¿No me vas a decir que tú le tienes miedo a un fantasma?

– ¡Claro que sí! –insistió Panzón–. ¡Claro que sí!

– Sólo fue el viento –dijo Mario–. Parece que vamos a tener una tormenta.

Y Mario cerró las ventanas. Inmediatamente comenzó a llover. Sandy prendió la luz. Ahora todos estaban preocupados. Nadie quería admitir que tenía miedo, pero la noche oscura, los ruidos extraños y la lluvia fuerte sugerían un peligro desconocido.

– Tenemos que encontrar al señor Dallas –dijo Pepino.

Sandy caminó por el salón gritando:

– ¡Papá! ¡Papá! ¿Dónde estás?

De repente oyeron un sonido muy leve. Era como si alguien hubiera gemido.

4 **Quizás tengas razón** Vielleicht hast du recht – 5 **perplejo** verwirrt, perplex – 20 **la tormenta** Gewitter – 25 **sugerir** *hier:* andeuten – 31 **como si alguien hubiera gemido** als ob jemand gestöhnt hätte

– ¡Ha regresado el fantasma! –anunció Panzón.

– No. El ruido viene del armario en el corredor.

Mario corrió a abrir la puerta del armario. Quedó asombrado al ver que el señor Dallas estaba adentro. Él estaba amarrado y un pañuelo blanco le cubría la boca.

– Arumn, gumzs, bla brmn –decía el pobre hombre, tratando de hablar.

– ¿Qué pasó, señor? –preguntó Pepino, mientras que desataba el pañuelo.

– ¿Por qué se metió allí? –dijo Panzón, algo confuso ¡No es un buen lugar para dormir la siesta!

Por fin pudo hablar el señor Dallas. Estaba muy pálido.

– Cuando ustedes se fueron oí un ruido en la cocina. Fui a investigarlo y encontré a un hombre con una pistola. Me agarró y sentí un golpe en la cabeza. Después de eso no recuerdo nada.

– ¡Ajá! –exclamó Pepino con satisfacción–. Lo atacó uno de los bandidos que vimos en Cuernavaca.

Mario hizo un movimiento con la cabeza. No estaba de acuerdo.

– No puede ser. Nosotros vimos a los bandidos en Cuernavaca. ¡No es posible estar en dos lugares diferentes al mismo tiempo!

– Entonces esto significa que hay aún otro bandido dijo Sandy nerviosamente.

En ese momento el señor Dallas cerró los ojos y se cayó al suelo.

– ¡Ay! –exclamó Panzón con horror–. ¡Se ha muerto el señor Dallas!

2 **el corredor** Korridor – 5 **amarrado** *hier:* gefesselt – 10 **desatar** losbinden, lösen – 19 **la satisfacción** Zufriedenheit

Preguntas

1. Según Panzón, ¿quién era uno de los hombres que él vio en Cuernavaca?
2. De regreso a Acapulco, ¿qué presentimiento tuvo Mario?
3. ¿Por qué se irritó Pepino con Mario?
4. ¿Qué idea extraña tuvo Pepino?
5. ¿Qué vio Panzón cerca de la casa de los Dallas?
6. ¿Dónde estaba el señor Dallas?

Conversación

1. ¿Podría usted describir una tormenta?
2. ¿Tiene usted miedo de las tormentas? ¿Por qué?

10. Un túnel secreto

– ¡No seas tonto, Panzón! –dijo Pepino–. Claro que no está muerto el señor Dallas. Sólo se ha desmayado.

– Vamos a meterlo en la cama –sugirió Mario.

Los tres hombres lo cargaron al dormitorio. El señor Dallas abrió los ojos, pero estaba muy débil por haber estado tanto tiempo en el armario. Con la ayuda de Sandy lo pusieron en la cama.

– Pobre papá –dijo la muchacha–. Voy a llamar al doctor.

Sandy cogió el teléfono que estaba al lado de la cama y comenzó a marcar el número. Afuera, la tormenta continuaba. Llovía a cántaros y, de vez en cuando, un rayo alumbraba el cielo negro. En ese momento se oyó un trueno ruidoso.

– ¡Ay! ¡Los ladrones nos están echando bombas! –dijo Panzón, escondiéndose bajo la cama.

– No, Panzón –le dijo Mario–. Sólo fue un trueno.

Sandy colgó el teléfono.

– Ahora no funciona el teléfono. Debe ser a causa de la tormenta. ¿Qué hacemos? –preguntó ella, tratando de no mostrar el miedo que tenía.

Mario pensó un momento y dijo:

– Sandy, tú te vas a quedar aquí con tu papá. Yo voy al centro a traer a la policía. Creo que es hora de informarles de todo lo que ha ocurrido. Estos bandidos son peligrosos y pueden volver aquí esta noche.

– ¿Y qué hacemos Panzón y yo? –preguntó Pepino con mucha irritación.

2 **¡No seas tonto!** Sei nicht so dumm! – 6 **cargar** *Am* tragen – 8 **por haber estado**... weil er ... gewesen war – 13 **marcar** *hier:* wählen – 14 **Llovía a cántaros** Es regnete in Strömen – 15 **el rayo** Blitz – 15 **alumbrar** erleuchten – 20 **colgar** *hier:* auflegen

– Quédense aquí a proteger a Sandy y al señor Dallas –respondió Mario–. Yo regresaré lo más pronto posible, aunque con esta lluvia quizás la carretera esté inundada.

– ¡Ajá! –pensó Pepino, mirando a Mario con sospecha.

– Apuesto que Mario no irá a la policía, sino que se va a escapar.

Minutos después, Pepino y Panzón estaban solos en la sala. Sandy y su papá estaban arriba. Mario ya se había ido. Había tomado el único paraguas y, antes de salir, les había advertido:

– Tengan mucho cuidado. Ya sabemos que estos hombres llevan pistolas.

– Hmm –dijo Pepino con desprecio cuando Mario salió.

Panzón miró a su jefe con sorpresa.

– ¿Qué le pasa, jefe? ¿No le cae bien Mario?

– Tú no sabes nada –le contestó Pepino–. Yo he estado observando a Mario y te apuesto que él es el jefe de los bandidos. Seguramente no va a la policía sino a ver a sus compañeros para decirles que es hora de matarnos. ¡Ay de mí! La vida de un Sherlock Holmes es muy peligrosa.

– ¡Está equivocado, jefe! Mario es un buen chico.

– ¡Yo soy el más inteligente, Panzón! –insistió Pepino.

– Y te digo que ese muchacho es un ladrón. ¡Yo nunca me equivoco!

Los dos investigadores recorrieron toda la casa para asegurarse de que todas las puertas y las ventanas estaban bien cerradas. Había un silencio extraño en la casa. Sólo se oía el sonido de la lluvia

4 **inundado** überschwemmt – 15 **con desprecio** verächtlich – 18 **¿No le cae bien Mario?** Gefällt Ihnen Mario nicht? – 31 **para asegurarse de que**… um sicher zu sein, dass …

sobre el techo. Panzón estaba nervioso. Le parecía que había bandidos escondidos detrás de cada silla y debajo de todas las camas.

– ¡No me gusta esta casa! –le dijo a su jefe. – A ver si nos vamos pronto de aquí.

Entraron en la cocina y, mientras que Pepino examinaba la cerradura de la puerta, Panzón abrió el refrigerador. Inmediatamente, el gordo se sintió feliz de la vida.

– Voy a hacerme un sándwich –se dijo. Sacó queso, jamón y mantequilla del refrigerador. Buscó por la cocina pero no podía encontrar el pan. Por fin vio una puertecilla cerca de la estufa.

– Debe ser la despensa –pensó–. Seguramente allí estará el pan.

Panzón abrió la pequeña puerta y miró al interior. Estaba muy oscuro. Sólo podía ver que había una escalera hacia abajo.

– ¡Qué raro! Es un lugar muy curioso para guardar el pan –dijo en voz alta–. ¡Venga, jefe! Mire lo que he encontrado.

– ¡Caramba! –exclamó Pepino–. Es una entrada secreta. Vamos a investigarla.

Pero Panzón vaciló. Estaba pensando en el sándwich. Además, tenía un presentimiento. La escalera misteriosa y la oscuridad le daban miedo.

– No debemos entrar, jefe. A lo mejor hay ratones y culebras allá abajo, o, posiblemente, fantasmas.

– No seas cobarde –le regañó Pepino–. Ven conmigo. Aquí tengo una linterna.

Y los dos hombres entraron por la puertecilla y bajaron las escaleras del túnel secreto. Pepino

6 **mientras que** während – 7 **la cerradura** Türschloss – 8 **el refrigerador** *bes. Am* der Kühlschrank – 8 **Se sintió feliz de la vida** *(sentirse)* Er fühlte sich überglücklich – 13 **la estufa** Ofen – 14 **la despensa** Speisekammer – 19 **curioso** *hier:* merkwürdig – 26 **la oscuridad** Dunkelheit – 26 **dar miedo** Angst einflößen – 27 **el ratón** Maus – 28 **la culebra** Schlange – 30 **la linterna** Taschenlampe – 32 **el túnel** Tunnel

lo alumbró con la linterna. Todo estaba lleno de polvo. Había telarañas por todos lados. Panzón sintió cosquillas en la espalda. Pero Pepino no sentía nada. Él estaba pensando que era Sherlock Holmes envuelto en una difícil aventura con su fiel ayudante y compañero.

2 **la telaraña** Spinnwebe – 5 **envuelto** *hier:* verwickelt

Preguntas

1. ¿Qué pasó cuando Sandy trató de llamar por teléfono al médico?
2. ¿Adónde fue Mario?
3. ¿Qué dijo Mario al salir de la casa?
4. ¿En qué pensó Panzón al entrar en la cocina?
5. ¿Qué encontró Panzón cerca de la estufa?
6. ¿Cómo era el túnel secreto?
7. ¿Por qué no tenía miedo Pepino en el túnel?

Conversación

1. ¿En qué situaciones siente usted miedo? ¿Por qué?
2. ¿Prefiere usted usar el teléfono o escribir y recibir cartas? ¿Por qué?

11. Encuentro con los fantasmas

– ¡Qué raro! –dijo Pepino–. El túnel pasa por debajo de la casa. Ni Sandy ni el señor Dallas saben que existe.

– Vámonos ya –insistió su compañero nerviosamente–. ¡A lo mejor aquí vive el fantasma!

Sin hacerle caso, Pepino siguió adelante. Pero pronto chocó con una pared de tierra. Pepino movió la linterna en todas direcciones. Estaba confuso.

– Eso sí que es raro. Un túnel que no va a ningún lado –exclamó.

Los dos hombres oyeron un ruido. Panzón saltó y agarró a Pepino.

– ¡Ay, chihuahua, jefe! Tengo miedo.

Pepino continuó mirando el piso y las paredes del túnel. Buscaba algo. De repente la linterna alumbró una puerta a un lado del túnel. Los dos hombres se agacharon y pusieron los oídos a la puerta. Oyeron unas voces masculinas.

– ¡Ay, jefe! Son unas brujas participando en una misa negra. Dejémoslas en paz, ¿no?

– ¡Cállate, Panzón! Reconozco la voz –exclamó Pepino. Miró por el ojo de la cerradura. Vio un cuarto pequeño. Tres hombres estaban sentados a una mesa. Una sola bombilla eléctrica iluminaba la escena extraña. En la mesa había dos pistolas grandes. Uno de los hombres estaba hablando; era el chofer de doña Iguana.

– Pronto llegará el jefe –dijo–, y entonces repartiremos el dinero.

– ¿Qué está pasando, jefe? –preguntó Panzón.

8 **chocar con** stoßen auf – 19 **Pusieron los oídos a la puerta** *(poner)* Sie legten das Ohr an die Tür – 21 **participar en** teilnehmen an – 21 **la misa negra** die schwarze Messe *(spiritistische Veranstaltung)* – 22 **¡Dejémoslas en paz!** Lassen wir sie in Ruhe! – 24 **el ojo de la cerradura** Schlüsselloch – 26 **la bombilla** Glühbirne

–Son los bandidos –le dijo Pepino–. Están esperando a su jefe. Seguramente esperan a Mario. Mira.

Panzón también miró por la cerradura.

–¡Ay, qué terribles son! ¿Quién es el tercer hombre?

Pepino volvió a mirar. Uno de los bandidos era el chofer. El otro era el hombre que los dos habían visto en el mercado de Cuernavaca; era el hombre de la cicatriz en la frente. Pepino se fijó en el tercer bandido. Ahora sí lo reconoció.

–¡Ya sé! Es el capitán de la lancha que alquiló Mario. Él manejaba el barco el día que caí al mar.

En ese instante Pepino dejó caer la linterna. Se rompió en mil pedazos.

–¿Qué fue eso? –dijeron los bandidos. Pepino y Panzón se miraron con horror.

–¡Chihuahua! ¡Corra, jefe! –gritó Panzón.

Pero antes de poder escapar, la puerta se abrió. El hombre de la cicatriz estaba frente a ellos. Y les apuntaba con una pistola.

–¡No se muevan! –ordenó–. ¡O les doy un balazo entre los ojos!

El bandido los empujó al cuarto. Los otros miraron a Pepino y a Panzón con satisfacción.

–¡Qué bonita sorpresa! –dijeron y comenzaron a reírse de los dos detectives.

–¿Qué hacemos con ellos? –dijo el chofer, pinchándole el estómago a Panzón con la pistola. Panzón se puso pálido.

–¡Mátalos! –dijo el hombre de la cicatriz. Pepino y Panzón empezaron a temblar.

17 **con horror** entsetzt – 19 **escapar** flüchten, fliehen – 22 **¡Les doy un balazo entre los ojos!** Ich jage Ihnen eine Kugel durch den Kopf! – 29 **pinchar** stechen

– No –dijo otro bandido–. Será mejor esperar al jefe.

El chofer los empujó a un lado del cuarto donde había unas bolsas grandes. Pepino vio que las bolsas tenían una inscripción. Decían: «Banco de Cuernavaca.»

– ¡Es el dinero que robaron del banco! –se dijo. Y de repente se dio cuenta de la verdad–. Estos hombres son los bandidos que han estado atracando los bancos del país.

Pepino pensó por unos momentos. Se había acordado de Mario y de la sospecha que tenía de él.

– Mario nos estuvo mintiendo –se dijo–. Viene aquí a repartir el dinero con sus compañeros. ¡Tuve razón! –pensó el detective muy satisfecho de sí mismo–. Mario es el jefe de los bandidos.

Hubo un sonido en el túnel. Alguien llegaba. Uno de los bandidos se levantó y fue hacia la puerta. Pepino sabía que ahora llegaría el jefe de los bandidos.

14 **Nos estuvo mintiendo** Er hat uns angelogen

Preguntas

1. ¿Qué vio Pepino a un lado del túnel?
2. ¿Por qué piensa ahora Panzón que hay fantasmas en la casa?
3. ¿Qué vieron por el ojo de la cerradura?
4. ¿Quién era el hombre que tenía una cicatriz en la frente?
5. ¿Y quién era el tercer bandido?
6. ¿Cómo supieron los ladrones que había alguien en el túnel?
7. ¿Cómo fue la actitud de los ladrones hacia Pepino y Panzón?

Conversación

1. ¿Merece la pena ahorrar dinero en el banco?
2. ¿Qué castigo se debería dar, en su opinión, al ladrón que asalta un banco?

12. La pluma y la pistola

La puerta se abrió lentamente con un chirrido agudo. Entró el jefe. Pepino se quedó con la boca abierta. No podía creer lo que estaba viendo.

El jefe miró a Pepino y a Panzón y se les acercó.

– ¡Qué milagro verlos por aquí! Mi espíritu me dijo que los iba a capturar.

– ¡Doña Iguana! –exclamaron los detectives a la vez.

– Sí, a sus órdenes. Han descubierto mi secreto. Por eso me da mucha tristeza tener que matarlos.

– ¿Qué secreto? Yo no sé nada de secretos –balbuceó Panzón.

Doña Iguana dio una risa de triunfo. La luz del cuarto acentuaba el extraño pelo azul, la nariz larga y chueca y los ojos pequeños de la mujer.

– Sí, sí, saben mis secretos. Saben que soy el jefe de los ladrones y saben que tenemos un refugio en esta casa. Pero, como son tan buenos detectives, tienen el derecho a saber todos los secretos... antes de morir –dijo doña Iguana con voz amenazante. Y, en plena luz del cuarto, empezó a quitarse el largo vestido que llevaba.

Ambos detectives se asustaron y cerraron los ojos firmemente. ¡Qué mujer más indecente!

– Abran los ojos –les ordenó.

Pepino abrió un ojo y luego otro. Exclamó:

– ¡Qué barbaridad! Usted no es doña Iguana. ¡Es... es... es don Iguana!

Al oír esto, Panzón también abrió los ojos. Estaba asombrado. A un lado estaba el vestido largo de

2 **el chirrido** das Quietschen – 11 **Me da mucha tristeza**... Es macht mich sehr traurig ... – 13 **balbucear** stammeln – 14 **Dio una risa de triunfo** *(dar)* Sie lachte triumphierend – 15 **acentuar** betonen, unterstreichen – 21 **amenazante** drohend – 25 **indecente** unmoralisch

doña Iguana. Y enfrente de él estaba un hombre con pantalones y camisa. Tenía la cara pintada. El hombre se quitó la peluca azul y continuó su explicación:

– Ahora, sí, les cuento mis secretos. Yo fui uno de los ladrones más temibles y más conocidos de los Estados Unidos. Asalté muchos bancos de Nueva York y de Chicago. Los agentes de la FBI habían matado a toda mi banda, pero yo logré escaparme antes de que me capturaran. Luego vine a Acapulco y me encontré con mis compañeros que ya conocen. Y, para que nadie me reconociera, me disfracé de mujer.

– Pero, si tiene su propia casa, ¿por qué usa ésta? – preguntó Pepino.

– Esta casa es perfecta. Había estado vacía por mucho tiempo. Además, tenía este túnel secreto. Es un refugio ideal. Es decir, era ideal. Ahora tenemos que matarlos a ustedes dos, luego a la chica y a su papá y por fin a ese abogado metiche.

El jefe de los bandidos sacó su revólver y sonrió diabólicamente.

– Y, como ustedes no abandonaron nuestra casa embrujada, tenemos que matarlos.

Don Iguana apuntó el revólver hacia Pepino. En ese instante, los ojos del detective empezaron a brillar. Tenía un plan.

– Primero le pido un favorcito, don Iguana. ¿Me permite mandar un cheque a mi querida mamá? No toma mucho tiempo. Como no dejé testamento, quiero mandárselo. Ella es pobre y no podrá ni comer si no le mando un cheque.

3 **la peluca** Perücke – 6 **temible** gefürchtet – 6 **los Estados Unidos** die Vereinigten Staaten – 7 **asaltar** überfallen – 10 **antes de que me capturaran** bevor man mich schnappte – 12 **para que nadie me reconociera** damit niemand mich erkennen konnte – 12 **me disfracé de** *(disfrazarse)* ich verkleidete mich als – 20 **metiche** *Mex* neugierig; vorwitzig – 30 **No toma mucho tiempo** *Am* Das nimmt nicht viel Zeit in Anspruch – 30 **el testamento** Testament

Panzón abrió los ojos y dijo en voz baja: – Pero, jefe, su mamá murió hace…

– ¡Cállate, Panzón! –gruñó Pepino, dándole un golpe con el codo.

– Usted es bastante raro, señor González. No se asusta fácilmente. Está a punto de morir y se acuerda de su mamá. Está bien. Le doy un minuto no más –respondió don Iguana.

Pepino sacó su chequera y luego sacó una pluma. Pero en vez de escribir, apuntó la pluma hacia los bandidos y apretó el botón. Inmediatamente el cuarto se llenó de gas lacrimógeno.

– ¡Caramba! –gritaron los ladrones y empezaron a disparar las pistolas locamente. Un tiro rompió la bombilla y el cuarto quedó completamente oscuro.

– Ahora sí se van a enojar con nosotros –exclamó Panzón.

– ¡Cállate! Cúbrete la boca y salgamos por la escalera secreta –gritó Pepino.

Mientras tanto, Mario había entrado en la casa con los policías. Habían oído los disparos y corrieron a la cocina.

Como relámpagos, Pepino y Panzón salieron del túnel oscuro y chocaron con los policías.

– Abajo… Los ladrones… Iguana… hombre –dijo Pepino mientras tosía fuertemente.

De repente, salieron tres bandidos, tosiendo y llorando.

– Arriba las manos. Se acabó la fiesta –dijo un policía.

– Pero, pero, ¿dónde está doña, eh, don Iguana? –preguntó Pepino.– ¿Y dónde está Mario?

3 **gruñir** *hier:* schimpfen – 4 **el codo** Ellbogen – 8 **no más** *Am* nur – 9 **la chequera** *Mex* das Scheckheft – 11 **apretar el botón** auf den Kopf drücken – 14 **disparar** schießen – 14 **el tiro** Schuss – 23 **el relámpago** Blitz – 29 **¡Arriba las manos!** Hände hoch!

Preguntas

1. ¿Quién era el jefe de los ladrones?
2. ¿Qué querían hacer los ladrones a Pepino y Panzón?
3. ¿Por qué estaba disfrazado el jefe?
4. ¿Por qué había venido doña Iguana a Acapulco?
5. ¿Por qué habían elegido los ladrones la casa del señor Dallas como refugio?
6. ¿Qué pidió Pepino en el último momento?
7. ¿Por qué contó doña Iguana su historia a Pepino y Panzón?

Conversación

1. ¿Existe en su país la costumbre de disfrazarse? ¿Cuándo? ¿Por qué?
2. ¿Podría usted contar algo de una novela o película policíaca conocida?

13. ¡Felicidades!

– ¿Dónde están Mario y don Iguana? –repitió Pepino.

– Aquí estamos –contestó Mario, entrando en la cocina y empujando al jefe de los bandidos–. Lo vi corriendo hacia el auto negro. Pero logré capturarlo.

Había tanto ruido en la cocina que Sandy entró para ver lo que pasaba.

– ¡Ay, Dios mío! –exclamó ella–. Mario, ¿qué pasó?

– Nada, en realidad. Sólo capturamos a unos fantasmas –respondió Mario, sonriendo.

– Es decir –agregó Pepino enfáticamente–, yo, con mi pluma de gas lacrimógeno, los capturé.

Al día siguiente, el señor Dallas, que ya se había recuperado de su penosa experiencia, invitó a todos a cenar en su casa.

– Muchísimas gracias por todo –les dijo a Pepino y a Panzón después de la cena– . El capitán de la policía me dijo que sin ustedes no habría capturado a los ladrones. Y tampoco habría encontrado el dinero.

Al oír esto, Pepino se puso rojo. Quizás ahora Sandy se enamoraría de él. Y, lo que es más importante, sabría que él era el mejor detective de México.

– No fue nada especial. Lo hago todos los días. Los policías de la capital no pueden funcionar sin mi experta ayuda –respondió Pepino, tratando de ser modesto.

En ese momento, Mario se paró. Estaba nervioso.

16 **recuperarse** sich erholen – 16 **penoso** *hier:* unangenehm – 23 **Pepino se puso rojo** *(ponerse)* Pepino wurde rot – 28 **experto** erfahren – 30 **pararse** *Am* aufstehen

– Tengo algo importante que decirles. Señor Dallas, como usted puede adivinar si no lo sabe ya, Sandy y yo estamos enamorados. Y, con su permiso, queremos casarnos.

– ¡Cómo no! Tienen mi bendición. Esta ocasión merece champaña.

El pobre Pepino sintió como si una tonelada de ladrillos le hubiera caído encima. Trató de sonreír y felicitarlos, pero no le salían las palabras.

Panzón miró a su jefe y dijo en voz baja:

– No se ponga triste, jefe. Yo estoy casado y le juro que no vale la pena. Las mujeres son muy dulces y cariñosas al principio, pero luego, después de casarse, se hacen regañonas y engordan y nos hacen la vida de cuadritos. ¡Pobre Mario! Usted debe darle las gracias por salvarle la vida. Además, un Sherlock Holmes no tiene tiempo para casarse.

– Esta vez sí tienes razón, Panzón. ¿Cómo puedo negar a todas las bellas mexicanas la oportunidad de conocerme?

Pepino dio un suspiro profundo. Levantó su vaso de champaña y dijo en voz alta:

– Ofrezco un brindis a los novios. ¡Que sean eternamente felices!

Después de brindar y tomar la champaña, Pepino explicó que él y Panzón tenían que regresar a la capital inmediatamente. Un caso urgente los esperaba.

5 **la bendición** Segen – 7 **la tonelada** Tonne – 8 **como si le hubiera caído encima**… als wäre ihm … auf den Kopf gefallen – 11 **No se ponga triste** *(ponerse)* Werden Sie nicht traurig – 12 **valer la pena** der Mühe wert sein – 13 **cariñoso** zärtlich – 14 **engordar** dick werden – 14 **Nos hacen la vida de cuadritos** *Mex* Sie machen uns das Leben zur Hölle – 19 **negar** *hier:* abschlagen – 19 **la oportunidad** Chance – 21 **Dio un suspiro profundo** Er seufzte tief – 23 **Ofrezco un brindis**… Das ist mein Trinkspruch … – 25 **brindar** anstoßen *(beim Trinken)*

– ¡Ay, qué lástima! –dijo Sandy, dándole un besito a Pepino–. Ya puedo decirles a mis amigas que he conocido al mejor detective de todo México.

– Pues, sí –respondió Pepino sonrojándose–. A mí me da mucha tristeza tener que salir, pero así es la vida… sobre todo para un detective.

– Yo tampoco quiero que se vayan –dijo el señor Dallas–. Pero quiero ofrecerles este cheque, firmado con tinta y no con gas lacrimógeno.

– Por lo menos, ya no hay que combatir fantasmas en la casa embrujada –dijo Mario al despedirse de los detectives.

4 **sonrojarse** erröten – 7 **Yo tampoco quiero que se vayan** *(irse)* Ich möchte auch nicht, dass Sie uns verlassen – 10 **por lo menos** wenigstens

Preguntas

1. ¿A quién capturó Mario?
2. ¿Por qué se puso rojo Pepino?
3. ¿Qué noticia comunicó Mario al grupo?
4. ¿Cómo respondió a la noticia el papá de Sandy?
5. Según Panzón, ¿qué les pasa a las mujeres después de casarse?

Conversación

1. ¿Cree usted que los hombres y las mujeres cambian después de casarse?
2. ¿Puede usted contar algunas costumbres de su país cuando una pareja se casa?

Landeskundliche Anmerkungen

Acapulco (ab Seite 7)
Größte Stadt des Staates Guerrero. Ihr ursprünglicher indianischer Name war *Atlapulco*: «wo dicke Rohre wachsen».
Acapulco liegt an einem von Bergen eingerahmten Naturhafen des Pazifiks, der 1531 von Hernán Cortés „entdeckt" wurde. Dank des Klimas und der landschaftlich einzigartig schönen Lage wurde Acapulco zu einem weltbekannten Badeort. Die Stadt ist durch eine Autobahn mit der Hauptstadt verbunden (430 km).
Die «Costera Miguel Alemán» ist eine breite, mit Palmen und Blumen bestandene Hauptstraße im Zentrum von Acapulco, benannt nach dem Chef der Revolutionären Partei Mexikos, Miguel Alemán, der zwischen 1946 und 1957 Staatspräsident des Landes war.
Im Schutz der «Fortaleza San Diego» (erbaut 1617) entwickelte sich Acapulco bald zu einem bedeutenden Seehafen. Seit 1959 ist diese Festung (genannt *Fuerte*) Museum und Sitz des Internationalen Filmfestivals.

Borda, Jardines Borda (S. 43)
Siehe *Cuernavaca*.

Cañón del Zopilote (S. 37)
Schluchten in der *Sierra Madre Occidental*, die das Hochland von Mexiko nach Westen abschließt. Dort wachsen unzählige Kakteen, die manchmal wie Kerzenleuchter oder Orgelpfeifen aussehen.

Ceviche (S. 8)
Marinierter Fisch, ein ursprünglich peruanisches Gericht. Ceviche ist heute eine sehr bekannte Vorspeise in fast allen lateinamerikanischen Ländern. Sie besteht aus rohen Fischstückchen, die in gesalzenem Limonen- und Zitronensaft eingelegt und mit Pfeffer, Knoblauch, roten Zwiebelscheiben, Tomaten und Pfefferschoten gewürzt sind. Nach etwa drei Stunden im Kühlschrank schmeckt der eingelegte Fisch nicht anders als gekochter Fisch. Dieses Gericht wird auf grünem Salat mit süßen Kartoffeln und frischen Maiskolben garniert.

Cortés, Hernán (S. 41)
Eroberer Mexikos und später auch Statthalter von «Neuspanien» (Nueva España), wie das Land von den Spaniern genannt wurde. Cortés wurde 1485 in Medellín, einer kleinen Stadt in der südwestspanischen Extremadura, geboren und starb 1547 in Sevilla.
Er ließ 1531 in Cuernavaca für seine zweite Frau den Palast erbauen, der seinen Namen trägt und heute Sitz des Bürgermeisters ist. Dort kann man u. a. ein farbenprächtiges Fresko von Diego Rivera über die Eroberung von Cuernavaca durch Cortés sehen.

Costera Miguel Alemán (S. 8)
Siehe *Acapulco*.

Cuernavaca (ab S. 36)
Am Südhang des Zentralplateaus gelegene Hauptstadt des Staates Morelos. Ihr ursprünglicher indianischer Name hieß «Cuauhnáhuas»: «am Wald». Cuernavaca liegt 1543 m über dem Meeresspiegel und 75 km von der Hauptstadt entfernt.
Heute ist Cuernavaca Zentrum des Zuckerrohr- und Reisanbaues. Als besondere Sehenswürdigkeiten gelten der im Auftrag von Cortés erbaute Palast, die Kathedrale im Kolonialstil und die Pyramide *Teopanzolco*.
Im Zentrum der Stadt befinden sich die im 18. Jahrhundert im Auftrag vom mexikanischen Kaiserpaar Maximilian und Charlotte angelegten «Jardines Borda», eine prächtige Gartenanlage, die auch unter dem Namen «das kleine Versailles» bekannt ist.

Fortaleza de San Diego (S. 30)
Siehe *Acapulco*.

Frijoles, sopa de frijoles (S. 8)
Suppe aus roten (oder braun-schwarzen) Bohnen, pikant gewürzt mit Pfefferschoten.

Guerra de Independencia (S. 30)
Krieg der amerikanischen Kolonien gegen das Mutterland Spanien, der 1808 als Folge der Französischen Revolution begann und schließlich mit dem Verlust von Kuba als der letzten Kolonie 1898 endete. Mexiko selbst wurde im Jahr 1821 unabhängig.

Hernán Cortés (S. 41)
Siehe *Cortés*.

Huachinango (S. 8, 31)
Eines der bekanntesten mexikanischen Fischgerichte: Barschfilets mit Kartoffeln (oder Reis), Tomatensauce, Oliven, Zwiebeln und Pfefferschoten; dazu Limonen- oder Zitronensaft, Knoblauch, Zimt, Pfeffer, Nelken, Zucker.
Huachinango wird auf Weißbrot ohne Kruste serviert und mit Petersilie bestreut.

Merlo (S. 31)
Lippfisch: kleiner, farbenprächtiger Fisch mit schwulstigen Lippen, der großen Fischen in den Rachen schwimmt und deren Zähne reinigt.

Palacio de Cortés (S. 41)
Siehe Cortés.

Pámpano (S. 31)
Salpe: runder, dicker Fisch, auch „Walzenfisch“ oder „Seewalze“ genannt nach seiner walzenförmigen Gestalt.

Peso (S. 47)
Währungseinheit verschiedener lateinamerikanischer Staaten, darunter auch Mexiko. Ursprüngliche Bedeutung: Gewicht von 8 Reales zu je 39 Gramm Silber. Der Peso wurde erstmals 1537 geprägt.

Rivera, Diego (S. 41)
Berühmter mexikanischer Maler (1886–1957). Diego Rivera hat eine Vielzahl von Fresken, Ölbildern und Temperagemälden geschaffen. Er knüpfte an die heimatliche Tradition an und verband das indianische Erbe mit modernen Darstellungsmitteln und -formen. Im Amphitheater der Universität von Mexiko schuf er 1922 das erste Fresko der Moderne.

Tortilla (S. 8)
Von den Azteken übernommener Maisfladen, der nur mit Salz und Wasser zubereitet wird.
Mais bildet die Grundlage der mexikanischen Küche. Die Tortillas werden auch «das Brot von Mexiko» genannt und schmecken besonders gut zusammen mit den vielen verschiedenartigen Saucen, die die mexikanische Küche kennt.